# AngularJS

¿A quién va dirigido este libro?...........................................6
¿Dónde está el código? ........................................................6
Requisitos ..............................................................................8
Creación del entorno de desarrollo ........................................10
    Instalar Angular CLI.......................................................10
    Crear un workspace y la aplicación ...............................10
    Ejecutar la aplicación......................................................12
    Editar tu primer componente .........................................14
Arquitectura de Angular .......................................................17
    Módulos ..........................................................................19
    Componentes ..................................................................24
Servicios y dependency injection .........................................39
    Servicios ........................................................................39
    Dependency Injection ....................................................42
Ciclo de vida de los componentes........................................48
Interacción entre los componentes.......................................58
Routing y navegación ..........................................................69
    Bases ..............................................................................70
    Configurar un router ......................................................72
Observables..........................................................................81
    Ejemplo práctico de Observer........................................96
    Diferencias con las promise ...........................................98

Comunicar a través de HTTP.................................................101
El deploy en producción .......................................................106
Conclusiones........................................................................111

Había una vez HTML, CSS y JavaScript. Cada desarrollador web necesitaba conocerlos para crear la interfaz de una aplicación.

Con el tiempo, estos lenguajes de marcado ya no eran suficientes, y era necesario utilizar framework para facilitar/hacer más eficiente el trabajo de los programadores.

Es por eso que nacieron diferentes framework como AngularJS (versión anterior de Angular), Backbone.js, Vue.js, React, etc.

Como puedes ver, estos framework están todos basados en JavaScript, por lo que este lenguaje de programación ha comenzado su ascenso al éxito.

Angular cuenta con el apoyo de Google y una gran comunidad de personas y empresas para hacer frente a muchos de los desafíos a los que se enfrentan el desarrollo de aplicaciones de una sola página, multiplataforma y de alto rendimiento. Es completamente extensible y funciona bien con otras bibliotecas.

Cuando todo comenzó, este marco se llamó AngularJS y alude a lo que ahora conocemos como Angular 1.x.

Así que, Angular 2 vino como una reescritura completa del framework, mejorando de lo que hemos aprendido y prometiendo mejoras al rendimiento y una estructura más escalable y moderna.

La primera versión de Angular se llamó Angular 2. Más tarde, fue renombrado "Angular". A partir de ahora, cada vez que utilicemos el término Angular nos referimos a la última versión del framework, incluyendo Angular 2, Angular 4, Angular 5, Angular 6 y Angular 7.

Angular representa una reescritura completa de AngularJS por lo que muchos conceptos se han modificado y/o eliminado por lo que no hay compatibilidad entre las dos versiones.

Concluyamos esta premisa enumerando los méritos de Angular:

- Software de mejor calidad y menos esfuerzo
- Reducción de la curva de aprendizaje
- Modelo de programación MVC (Model - View - Controller)
- Software modular
- Interacción fluida incluso en dispositivos móviles

# ¿A quién va dirigido este libro?

Como se destaca en la premisa, este libro se dirige principalmente a desarrolladores web con una experiencia mínima en JavaScript y que desean crear una aplicación web.
El conocimiento de JavaScript es clave para construir la base y comprender mejor toda la estructura del framework.

# ¿Dónde está el código?

En este libro utilizaremos diferentes fuentes y estilos para indicar diferentes tipos de información.
Un fragmento de código se presentará de la siguiente manera:

```html
<h2>Persona</h2>
<ul class="persone">
  <li>
```

```
  <span>{{persona.id}}</span> {{persona.nombre}}
  </li>
</ul>
```

La entrada y salida de la línea de comandos son las siguientes:

**ng serve --open**

Los nuevos términos, palabras importantes, carpetas o directorios y elementos de interfaz están en cursiva.

# Requisitos

Antes de comenzar, asegúrate de que en tu PC está instalado:
- Node.js
- •Package manager npm

Angular requiere una versión mayor a 8.x de Node.js, por lo que para comprobar si ya está instalado, escriba el shell de comandos:

**nodo -v**

Si no tienes Node.js, puedes utilizar este enlace para instalarlo: https://nodejs.org/.

Angular y sus aplicaciones dependen de paquetes npm y necesitas un administrador de paquetes como npm para usarlos. Para comprobar si npm ya está instalado, escriba el siguiente comando en el shell de comandos:

**npm -v**

Si no tienes npm instalado en tu PC puedes usar este enlace: https://docs.npmjs.com/cli/install.

Por último, como se destaca en la premisa, el lenguaje JavaScript es esencial y explicamos el por qué.

Una aplicación Angular se puede escribir en JavaScript o TypeScript (una extensión de JavaScript), la elección se confía al desarrollador individual, pero se recomienda adoptar TypeScript porque es compatible con el estándar ECMAScript; es más conciso que JavaScript; tiene control estático de los tipos de datos y, lo más importante, porque Angular está escrito en TypeScript.

# Creación del entorno de desarrollo

## Instalar Angular CLI

Lo primero que hay que hacer es instalar Angular CLI, para ello tendrás que abrir un shell de comandos y escribir el siguiente comando:

**npm install -g @angular/cli**

## Crear un workspace y la aplicación

Un workspache contiene archivos para uno o varios proyectos. Un proyecto es un conjunto de archivos que incluyen una aplicación, biblioteca y puede contener pruebas.

Para crear un workspace e instalar nuestra aplicación que llamaremos my-app escribimos:

**ng new my-app**

El comando anterior creará una carpeta denominada "my-app" y copiará todas las dependencias y valores de configuración necesarios.

La CLI angular realizará estos pasos para ti:
- Crear un nuevo directory "My-app"
- Descargar e instalar bibliotecas Angular y cualquier otra adicción
- Instalar y configurar TypeScript
- Instalar y configurar Karma y Protractor (bibliotecas de prueba)

La aplicación inicial contiene una sencilla aplicación de bienvenida lista para ejecutarse.

# Ejecutar la aplicación

Al crear la aplicación Angular, incluye un servidor para que puedas compilar y ejecutar la aplicación localmente. Para ello, siempre en el shell de comandos, necesitamos movernos al directorio del proyecto y, a continuación, iniciar el servidor con el ng serve.

**cd mia-app**

**ng serve --open**

El comando ng serve compila una compilación en modo de inspección (busca cambios en el código y se reconstruye si es necesario), inicia el servidor, inicia la aplicación en un explorador y mantiene la aplicación en ejecución mientras continuamos compilándola.

El servidor de desarrollo de Webpack escucha en el puerto HTTP 4200, y la opción --open del comando abrirá automáticamente una ventana del navegador en: http://localhost:4200/

Esto es lo que Angular ha creado para nosotros:

# Welcome to mia-app!

# Editar tu primer componente

Los componentes son bloques fundamentales de una interfaz de usuario y aplicaciones angulares, son responsables de mostrar datos, manejar la entrada del usuario, realizar acciones basadas en la entrada.
Angular CLI ha creado nuestro componente y lo ha llamado app-root, ya que es la base de toda la aplicación. Vamos a hacer algunos cambios para familiarizarnos más con Angular:
1. Abrimos el file ./src/app/app.component.ts
2. Vamos a cambiar el título de nuestra aplicación de 'my-app' a 'My Angular App!'

Editamos el archivo con cualquier editor o IDE para que se vea así:

```
@Component({
  selector: 'app-root',
  templateUrl: './app.component.html',
  styleUrls: ['./app.component.css']
})
```

```
export class AppComponent {
  title = 'My Angular App!';
}
```

Después de guardar el cambio, el compilador detectará el cambio, reconstruirá el proyecto y cargará la nueva versión del archivo. Este proceso se repetirá cada vez que guardas un archivo.

Ahora lo que vemos en el navegador será:

**Welcome to La mia App Angular!**

Ahora queremos añadir un poco de CSS para dar un poco de estilo a nuestro título h1.

Para ello, abrimos el archivo ./src/app/app.component.css y creamos una regla CSS de la siguiente manera:

```css
h1 {
  color: red;
  font-family: Arial, Helvetica, sans-serif;
}
```

Guardamos el archivo y notamos que el título se convertirá en un bonito color rojo.

En el siguiente capítulo veremos cómo se estructura el framework, empezando por módulos para llegar a los servicios a través de componentes. La arquitectura de Angular no es muy compleja, pero es imprescindible conocerla para estructurar nuestra aplicación

# Arquitectura de Angular

Antes de continuar, debes centrarse en la estructura del framework y, a continuación, comprender qué son los módulos, los componentes (que hemos visto parcialmente), los servicios y cómo insertar dependencias.

Angular implementa características principales y opcionales, como conjuntos de bibliotecas TypeScript que se importan en las aplicaciones.

Los componentes básicos de una aplicación Angular son NgModules, que proporcionan el contexto para compilar componentes. NgModules recopila el código relacionado en conjuntos funcionales; una aplicación Angular se define mediante un conjunto de NgModules. Una aplicación siempre tiene al menos un módulo root que habilita el arranque y normalmente tiene muchos otros módulos feature.

Los componentes definen las vistas, que son conjuntos de elementos de pantalla que Angular puede elegir y modificar en función de la lógica del programa y los datos.

Los componentes utilizan servicios que proporcionan una funcionalidad específica que no está directamente relacionada con las vistas. Los proveedores de servicios se pueden inyectar en componentes como las dependencias, haciendo que el código sea modular, reutilizable y eficiente.

Tanto los componentes como los servicios son simplemente clases, con decoradores, qye marcan su tipo y proporcionan metadatos que indican a Angular cómo usarlos.

Los metadatos de una clase de componente lo asocian a un template que define una vista.

Un template combina HTML con directivas Angular y marcado de enlace que permiten a Angular modificar el HTML antes de interpretarlo para su presentación.

Los metadatos de una clase de servicio proporcionan la información que Angular necesita para que esté disponible para los componentes a través de la inserción de dependencias (DI).

Los componentes de una aplicación suelen definir muchas vistas, organizadas jerárquicamente. Angular proporciona el servicio Router para ayudarte a definir rutas de navegación entre vistas. El router ofrece sofisticadas capacidades de navegación dentro del navegador.

## Módulos

Los módulos ayudan a organizar una aplicación en bloques de creación de funcionalidad coherente, ajustando componentes, directivas y servicios. Las aplicaciones angulares son modulares, y cada aplicación tiene al menos un módulo, el módulo root, llamado AppModule convencionalmente y reside en un archivo llamado app.module.ts. El módulo root puede ser el único módulo en una aplicación pequeña, pero la mayoría de las aplicaciones tienen muchos más módulos. Como desarrollador, depende de ti decidir cómo usar formularios. Normalmente, se asignan las entidades principales o una entidad de un módulo. Supongamos que tienes cuatro áreas principales en tu sistema. Cada uno tendrá su propio módulo además del módulo root, para un total de cinco módulos.

Organizar el código en módulos funcionales independientes ayuda a gestionar el desarrollo de aplicaciones complejas y promueve la reutilización. Además, esta técnica te permite aprovechar el lazy-loading (módulos de carga bajo demanda) para minimizar la cantidad de códigos que deben cargarse al inicio.

Cualquier módulo Angular es una clase con el decorador de @NgModule. Los decoradores son funciones que modifican las clases de JavaScript y se utilizan básicamente para adjuntar metadatos a las clases para que conozcan la configuración de esas clases y cómo deben funcionar.

Las propiedades más importantes son:
• Declarations: aquí se declararán los componentes, tuberías y directivas que forman parte del módulo.

- Exports: esta propiedad describe qué declaraciones son visibles y, por lo tanto, se pueden usar en otros módulos.
- Imports: indica los módulos necesarios y, por lo tanto, las clases necesarias para los componentes declarados en ese módulo.
- Providers: creadores de servicios que este NgModule ayuda a agrupar; se pueden usar en cualquier lugar dentro de la aplicación. (A menudo es preferible especificar proveedores en el nivel de componente).
- Bootstrap: el componente root de la aplicación, que es la vista principal que aloja todos lo demás. Esta propiedad solo debe establecerse para el módulo root (que debe ser uno por aplicación).

Aquí está la definición del módulo generado para la aplicación anterior:

**import { BrowserModule } from** '@angular/platform-browser';

**import { NgModule } from** '@angular/core';

```
import { AppRoutingModule } from './app-routing.module';
import { AppComponent } from './app.component';

@NgModule({
  declarations: [AppComponent],
  imports: [
    BrowserModule,
    AppRoutingModule
  ],
  providers: [],
  bootstrap: [AppComponent]
})
export class AppModule { }
```

El componente root creado durante el arranque siempre forma parte de un módulo root que, a su vez, puede incluir cualquier número de complementos, cargados a través del router o creados a través del template. Un NgModule comparte el mismo contexto de compilación entre todos los componentes.

Un componente junto con su template define una vista. Para gestionar diferentes áreas de la pantalla por sí sola, áreas más o menos complejas, un componente puede actuar como contenedor para una jerarquía de vistas. Esto le permite crear, modificar o destruir algunas áreas de la pantalla y crear componentes más complejos pero bien estructurados, ya que puede mezclar templates de componentes que forman parte de otros NgModules.

Para aquellos familiarizados con JavaScript, observarás que los módulos ECMAScript representan solo un archivo y la sintaxis utilizada es una construcción ECMAScript estándar que garantiza la encapsulación.

Los módulos angulares, por otro lado, están estructurados de forma diferente y no siguen un estándar. En particular, crean grupos cohesivos de componentes, directivas y tuberías, lo que ayuda a mantener la lógica separada de la vista, también gracias a los metadatos proporcionados al compilador a través de @NgModule.

Entre las bibliotecas que utiliza Angular también se encuentran sus propios módulos de libreros y cada uno está marcado con el prefijo @angular. Puedes instalarlos a través de npm e importarlos como hicimos en la definición anterior:

import { BrowserModule } from '@angular/platform-browser';
import { NgModule } from '@angular/core';

## Componentes

Un componente que controla una parte de la pantalla se denomina vista.

Los componentes necesitan necesariamente lógica para controlar la vista, esa lógica se define en una clase. La clase prepara las API y los métodos que permiten la interacción con la vista.

Por ejemplo, ListaEstudiantesComponent a través de la propiedad Estudiante que contiene un seria de Estudiante administra la vista. Su método selectEstudiante() establece el valor de la propiedad selectedEstudiante al hacer clic del usuario para elegir un alumno de la lista. El componente adquiere alumnos de un servicio, que es una propiedad del parámetro TypeScript en el constructor. El servicio se proporciona al componente a través del sistema de inserción de dependencias. Siguiendo la definición de nuestra clase ListaEstudiantesComponent:

```
export class ListaEstudiantesComponent
implements OnInit {
  Estudiantes: Estudiante[];
  selectedEstudiante: Estudiante;

  constructor(private service: EstudianteService)
  { }

  ngOnInit() {
    this.Estudiantes = this.service.getEstudiantes();
  }

  selectEstudiante(estudiante:estudiante) {
  this.selectedEstudiante = estudiante; }
}
```

A medida que el usuario interactúa con la aplicación Angular, crea nuevos componentes, los actualiza o, si ya no son necesarios, los destruye. A través de enlaces, como ngOnInit(), puedes tomar el control y realizar operaciones en cualquier etapa del ciclo de vida, solo tienes que implementar la interfaz dedicada y definir su implementación a través de la método apropiado.

Los componentes utilizan metadatos para proporcionar a Angular más información sobre su funcionalidad, @Componentpor ejemplo, denota la clase como un componente y especifica sus metadatos.

Sin un decorador simplemente tenemos una clase JavaScript y Angular no tendrá ninguna información adicional.

Sin sus metadatos para un componente, Angular no puede determinar dónde recuperar los elementos que necesita para crear y presentar el componente y la vista. Hay dos maneras de asociar un template con el componente: con el código en línea, ya sean componentes muy pequeños, o por referencia para componentes más complejos que necesitan una estructura bien organizada.

La definición completa del componente es la siguiente:

@Component({
  selector: 'app-lista-estudiantesi',
  templateUrl: './lista-estudiantes.component.html',

```typescript
  providers: [ EstudianteService ]
})
export class ListaEstudiantesComponent
implements OnInit {
  estudiantes: Estudiante[];
  selectedEstudiante: Estudiante;

  constructor(private service: EstudianteService)
{ }

  ngOnInit() {
    this.estudiantes = this.service.getEstudiantes();
  }

  selectEstudiante(estudiante: Estudiante) {
  this.selectedEstudiante = estudiante; }
}
```

En este ejemplo, le mostraremos algunas opciones para configurar @Component:

- Selector: Angular creará e insertará una instancia del componente siempre que haya una etiqueta HTML correspondiente al template. Si el HTML de una aplicación impugna<app-lista-estudiantes></app-lista-estudiantes>, Angular insertará una instancia de ListaEstudiantesComponent entre las etiquetas de apertura y cierre.
- TemplateUrl: la referencia al template HTML de este componente. Como alternativa, puedes proporcionar el template HTML en línea, como el valor de la propiedad del template.
- Providers: una lista de provider para los servicios requeridos por el componente. En el ejemplo anterior, Angular te muestra cómo proporcionar la instancia de EstudianteService utilizado por el constructor de componentes ListaEstudiantesComponent para obtener la colección de alumnos para mostrar.

En este punto te preguntarás cómo están vinculadas los template y las vistas, vamos a profundizar en este aspecto.

Puedes definir la vista de un componente con su propio template. Un template es esencialmente la forma de un HTML que indica a Angular cómo representar el componente.

Para mostrar, ocultar o modificar secciones o páginas que forman parte de la interfaz, las vistas suelen organizarse jerárquicamente, como si fueran unidades.

La vista del host de un componente es el template asociado a él, que a su vez también puede definir una jerarquía de vistas, hospedadas por otros componentes.

Un template es un archivo HTML, con sintaxis angular agregada, para modificar el HTML según la lógica incluida en la aplicación, modificando su DOM. Mediante el enlace de datos, puede reflejar los datos del modelo en el DOM y viceversa, transformar la visualización de los datos antes de que se muestren a través de tuberías o aplicar cierta lógica a lo que se muestra a través de la directiva.

A continuación, se muestra la plantilla para el componente que creó anteriormente:

&lt;h2&gt;**Lista de estudiantes**&lt;/h2&gt;

```html
<p><i>Selecciona un estudiante de la lista</i></p>
<ul>
  <li *ngFor="let estudiante of estudiantes" (click)="selectEstudiante(estudiante)">
    {{estudiante.nombre}}
  </li>
</ul>

<app-detalle-estudiante
*ngIf="selectedEstudiante"
[estudiante]="selectedEstudiante">
</app-detalle-estudiante>
```

Este template utiliza etiquetas HTML típicas como <h2> y <p> pero incluye algunas etiquetas Angular típicas como "ngFor", "estudiante.nombre", (clic), [estudiante] y, finalmente, <app-detalle-estudiante>.

¿Para qué son estos nuevos elementos? La respuesta es simple, facilitar la vida del programador, pero vamos a verlos individualmente:

• "ngFor" se utiliza para iterar sobre una lista de elementos
• •{{estudiante.nombre}}, (click) e [estudiante] sirven para vincular (bind) los datos y el DOM
• la etiqueta personalizada (definida por nosotros) <app-detalle-estudiante>es el elemento que representa un nuevo componente de tipo DetalleEstudianteComponent.

Hablamos de binding de componentes o cómo vincular las partes del template a las partes del componente, el concepto puede parecer difícil para aquellos que están en el principio, pero pronto se volverá más claro.

Con un framework como Angular, el desarrollador ya no es responsable de los valores de datos en HTML y convertir la entrada del usuario en actualizaciones de valores y acciones y actualizaciones.

Implementar esta lógica a mano es un trabajo tedioso, propenso a errores, difícil de leer, y los programadores experimentados de jQuery lo saben bien.

Angular admite el denominado enlace de datos bidireccional, que es un mecanismo por el que las partes del template y las del componente siempre están enlazadas y coordinadas.

Por lo tanto, el enlace se puede realizar desde el DOM al componente, desde el componente al DOM o ambos.

En el ejemplo anterior, usamos
- {{estudiante.nombre}} para mostrar la propiedad estudiante,nombre como elemento de lista.
- [estudiante] para pasar el valor seleccionado del componente primario ListaEstudiantesComponent al componente hijo DetalleEstudianteComponent.
- (clic) para invocar el método selectEstudiante cuando el usuario hace clic en el nombre del estudiante.

El binding doble (utilizado principalmente en formularios) combina la asociación de eventos y propiedades en una notación simple y concisa. Este es un ejemplo de template DetalleEstudianteComponent que usa el enlace de datos bidireccional con la directiva ngModel.

```
<input [(ngModel)]="estudiante.nombre">
```

En la vinculación bidireccional, el valor de datos cambia del componente al cuadro de entrada a través del binding de propiedades. Los cambios del usuario vuelven al componente, restableciendo el valor, como el bind del evento.

Para cada bucle de eventos de JavaScript, Angular procesa bindings desde el origen del árbol de componentes de la aplicación a todos los componentes secundarios.

Por lo tanto, el bind de datos desempeña un papel muy importante en la relación entre un template y su componente, y también es importante para la relación entre los componentes secundarios y primarios.

Angular te permite afirmar valor y mostrar transformaciones en el template HTML. Para definir una función que transforme los valores de entrada en valores de salida para mostrarlos en una vista, debes utilizar el decorador de @Pipe.

Angular define varias pipe, como la pipe de fecha y la pipe para la moneda; Para obtener una lista completa, consulta la lista de API pipes en <https://angular.io/api?type=pipe>. Puedes definir nuevos pipes configurables y adecuados para tus necesidades.

Utiliza el operador pipe (|), como en el ejemplo, para especificar la transformación que se va a realizar:

&lt;h2&gt;**{{valor | pipe_name}}**&lt;/h2&gt;

Puede concatenar pipes enviando la salida de una función de pipe para que se transforme mediante otra función de pipe. Un pipe también puede tomar argumentos que controlan cómo realiza su transformación. Por ejemplo, puedes pasar el formato deseado al pipe para las fechas.

&lt;!-- Default format: output 'Jun 15, 2015'--&gt;
&lt;p&gt;**Hoy es {{hoy | fecha}}**&lt;/p&gt;

```html
<!-- fullDate format: output 'Lunes, Junio 15, 2015'-->
<p>La fecha es {{hoy | fecha:'fullFecha'}}</p>
```

Los template en Angular son dinámicos, por lo que Angular transforma el DOM según las directivas, es decir, ejecuta las instrucciones proporcionadas por las clases con el decorador @Directive ().

Un componente es esencialmente una directiva, porque los componentes son tan característicos y fundamentales para las aplicaciones que @Component() extiende @Directive().

Además de los componentes, hay otros dos tipos de directivas: estructura ly atributo. Angular define una serie de directivas de ambos tipos y puede definir directivas personalizadas mediante el decorador @Directive().

Al igual que con los componentes, la clase decorada con un elemento selector se enlaza a través de los metadatos de una directiva. En los templates, las directivas suelen aparecer como atributos dentro de una etiqueta de elemento, por nombre o como un objetivo de una asignación o vínculo.

Las directivas estructurales cambian el diseño agregando, reemplazando o quitando elementos en el DOM. El template siguiente utiliza dos directivas estructurales (.ngFory.ngIf) para agregar la lógica de la aplicación a la interfaz.

```
<li *ngFor="let estudiante of estudiantes"></li>
<app-detalle-estudiante *ngIf="selectedEstudiante"></app-detalle-estudiante>
```

*ngFor es iterativo; le dice a Angular que imprima un <li> para cada alumno de la lista.

*ngIf es un condicional; incluye DetalleEstudianteComponent solo si existe un alumno seleccionado.

En su lugar, las directivas de atributo cambian la apariencia o el comportamiento de un elemento existente. Nombrado por su parecido con los atributos HTML normales, presta mucha atención a esto para no engañarte.

La directiva ngModel, que se utiliza para el enlace de datos bidireccional (denominado two-way data binding), es una directiva de atributo porque cambia el comportamiento de un elemento (normalmente una etiqueta <input>). estableciendo su valor y activándose para modificar los eventos.

<input [(ngModel)]="estudiante.nombre">

Angular tiene varias directivas predefinidas que modifican la estructura de diseño (por ejemplo, ngSwitch) o modifican aspectos de los elementos y componentes DOM (por ejemplo, ngStyle y ngClass).

# Servicios y dependency injection

## Servicios

Los servicios identifican una categoría amplia que incluye cualquier valor, función o característica que necesita una aplicación. Un servicio generalmente tiene un objetivo bien definido de hacer algo específico y hacerlo bien. Angular distingue los componentes de los servicios con el fin de aumentar tanto la modularidad como la reutilización. Esto le permite separar la visualización de un componente de otros tipos de procesamiento, se pueden crear clases de componentes eficientes y delgadas.

El trabajo de un componente es únicamente administrar la experiencia del usuario. Un componente solo debe exponer métodos para el enlace de datos y propiedades, para permitir la conciliación entre el template y la lógica de la aplicación.

Un componente puede delegar ciertas tareas en servicios, como recuperar datos del servidor, validar la entrada del usuario o acceder a la consola directamente. Para que estas tareas estén disponibles para cualquier componente, deben definirse en una clase de servicio inyectable. Inyectando diferentes provider del mismo tipo de servicio, dependiendo del contexto, puedes hacer que tu aplicación sea más adaptable y modular.

Agrupar fácilmente la lógica de tu aplicación en servicios y ponerlos a disposición de los componentes a través de la inserción de dependencias, estos son los principios básicos de Angular.

Como hemos visto para los otros ejemplos, por convención, el nombre de archivo identifica el tipo de clase que contendrá, por lo que vamos a crear nuestro archivo src/app/student.service.ts.

```
export class EstudianteService {
  private estudiantes: Estudiante[] = [];

  constructor(private backend: BackendService) { }

  getEstudiantes() {
```

```
    this.backend.getAll(Estudiante).then((estudiantes:
    Hero[]) => {
        this.estudiantes.push(...estudiantes); // fill
cache
    });
    return this.estudiantes;
    }
}
```

Como podemos ver en el ejemplo, los servicios pueden depender de otros servicios. A continuación, una clase que depende del servicio BackendService para obtener una lista de alumnos. El BackendService probablemente recuperará los alumnos de un servidor de forma asincrónica, por lo que es probable que pueda depender de otro servicio como HttpClient.

# Dependency Injection

La DI está integrada en el framework, se utiliza para proporcionar nuevos componentes con servicios u otras cosas que se necesitan. Los componentes utilizan servicios tanto que, se puede insertar un servicio en un componente, lo que le da al componente la capacidad de acceder a esa clase de servicio.

Con el decorador @Injectable(), puedes proporcionar metadatos que permiten a Angular identificar una clase como un servicio e insertarla como una dependencia de un componente. Puedes usar el mismo decorador para indicar que cualquier componente u otra clase (otro servicio, un pipe o NgModule) tienes una dependencia.

La inyección de adicciones es un concepto central en la programación moderna y esto también se confirma para Angular.

El framework, de hecho, durante el proceso de bootstrap genera un inyector a nivel de aplicación e inyectores adicionales cuando son necesarios. No es necesario crear inyectores manualmente, los crea para ti cuando los necesites.

Un inyector crea dependencias y las mantiene en un contenedor de instancias, mientras que un provider es un objeto que informa al inyector sobre cómo obtener o crear una dependencia.

Debes registrar un provider con el inyector de la aplicación, para que el inyector pueda usar el provider para crear nuevas instancias, para cualquier dependencia que necesites en la aplicación.

Angular elige qué dependencias o servicios necesita el componente, examinando los tipos de parámetros del constructor, creando una nueva instancia de la clase, por lo que se utiliza el constructor.

Por ejemplo, el constructor de la ListaEstudiantesComponent necesita StudentService.

```
@Component({
    selector: 'app-lista-estudiantes',
    templateUrl: './lista-estudiantes.component.html',
    providers: [ EstudianteService ]
})
```

```
export class ListaEstudiantesComponent
implements OnInit {
  estudiantes: Estudiante[];
  selectedEstudiante: Estudiante;

  constructor(private service: EstudianteService)
{ }
  ....
}
```

Cuando un componente depende de un servicio (como en este caso), Angular comprueba primero si el inyector tiene instancias existentes de ese servicio. Si no existen, el inyector crea uno nuevo a través del provider registrado y lo agrega al inyector.

Por último, Angular invoca el constructor de componentes con esos servicios como argumentos, no antes de que se hayan identificado y devuelto todos los servicios necesarios.

El proceso de inyección de EstudianteService se describe en la siguiente imagen:

Es obligatorio registrar al menos un provider de cualquier servicio que planees usar. El provider puede formar parte de los metadatos del servicio, haciendo que ese servicio esté disponible en cualquier lugar, o puedes registrar providers con módulos o componentes específicos. Puedes registrar providers en metadatos de servicio (en eldecorador@Injectable()o en @NgModule() o en metadatos @Component().

El comando Angular CLI ng generate service, de forma predeterminada, registra un provider con el inyector raíz para el servicio mediante la inclusión de los metadatos del provider en el decorador @Injectable(). Veamos cómo puedes traducir esto en código:

1. Registrar un provider con @Injectable()
    @Injectable({
     providedIn: 'root',
    })


2. Registrar un proveedor con NgModule
    @NgModule({

```
providers: [
BackendService
],
...
})
```

3. Registrar a un proveedor con @Component

```
@Component({
  selector:    'app-lista-estudiantes',
  templateUrl: './lista-estudiantes.component.html',
  providers:  [ EstudianteService ]
})
```

Entonces, ¿tres maneras diferentes de hacer lo mismo? Veamos cuáles son las diferencias.

Cuando se proporciona el servicio en el nivel del root como en el caso 1, se crea una única instancia compartida estudianteService y se inserta en cualquier clase que lo requiera. El registro del provider en metadatos optimiza una aplicación quitando ese servicio de la aplicación que se compila si no se usa.

Si registras un provider como en el caso 2, con un NgModule específico, todos los componentes de ese NgModule tendrán la misma instancia de servicio disponible para todos los componentes. Para registrarse en este nivel, utiliza la propiedad providers del decorador @NgModule().

Al registrar el provider en el nivel de componente como en el caso 3, cada nueva instancia de ese componente dará como resultado una nueva instancia del servicio. Puedes registrar un provider de servicios, en el nivel de componente, dentro de la propiedad de proveedores de metadatos @Component().

Ahora que tienes una visión general de toda la arquitectura de Angular necesitamos entender cuál es el ciclo de vida de los componentes que, como hemos visto, son la parte central de una aplicación Angular.

En el siguiente capítulo, exploraremos este aspecto del framework y averiguaremos cómo usar el ciclo de vida para optimizar nuestra interfaz.

# Ciclo de vida de los componentes

Angular gestiona el ciclo de vida de un componente, de hecho, lo crea, hace el rendering, administra sus elementos secundarios, lo controla y finalmente lo destruye antes de eliminarlo del DOM.

El framework proporciona enlaces de ciclo de vida que proporcionan visibilidad en estos momentos clave de vida y la capacidad de actuar cuando se producen.

Los desarrolladores pueden usar momentos clave del ciclo de vida mediante la implementación de una o varias interfaces que forman parte del ciclo de vida en la biblioteca principal angular.

El nombre de cada método que implementa una interfaz utiliza el prefijo ng y cada interfaz solo tiene un método.

Por ejemplo, la interfaz OnInit solo tiene un método hook llamado ngOnInit() invocado por Angular poco después de crear el componente:

```
export class Estudiante implements OnInit {
    constructor(private service: EstudianteService)
    { }

    ngOnInit() { console.log('¡Se ha invocado el método ngOnInit!'); }
}
```

Angular invoca el método de enlace de una directiva o componente si, y solo si está definido.

En la siguiente tabla vemos cuáles son los otros hook que podemos definir:

| Hook y cronograma | Propósito |
|---|---|
| ngOnChanges() | Este es el primer método invocado en la secuencia y se ocupa de |

|  |  |
|---|---|
|  | establecer o restablecer el vínculo con las propiedades de los datos de entrada. Se invoca primero para establecer el valor y, a continuación, siempre que se cambie el valor de datos. |
| ngOnInit() | Inicializa la directiva o el componente después de que Angular muestre por primera vez las propiedades enlazadas a datos y establece las propiedades de entrada de la directiva/componente. Se invoca una sola vez, después del primer ngOnChanges(). |
| ngDoCheck() | Actúa sobre los cambios que Angular no puede detectar por sí solo. |

| | Se invoca durante cada cambio, inmediatamente después de ngOnChanges() y ngOnInit(). |
|---|---|
| ngAfterContentInit() | Se invoca solo una vez después del primer ngDoCheck(), después de inicializar el contenido externo de los componentes. |
| ngAfterContentChecked() | Se invoca después de ngAfterContentInit() y cada ngDoCheck() posterior, se utiliza para comprobar que la inicialización se ha realizado correctamente. |
| ngAfterViewInit() | Se invoca una vez después de la primera ngAfterContentChecked() es decir, después de que se hayan inicializado la vista de componente y sus vistas secundarias. |

| | |
|---|---|
| ngAfterViewChecked() | Se invoca siempre que Angular ha terminado de realizar el seguimiento de los cambios en un componente y sus elementos secundarios después de ngAfterViewInit() y cada ngAfterContentChecked() posterior. |
| ngOnDestroy() | Se invoca justo antes de destruir el componente y sirve para eliminar todos los enlaces, para evitar la pérdida de memoria. |

Aunque es esencial conocer todos estos métodos, los que más utilizaremos son: ngOnInit(), ngOnDestroy() y ngOnChanges():

- **ngOnInit()**

Se debe utilizar para realizar inicializaciones complejas poco después de la construcción o para establecer el componente después de que Angular haya establecido las propiedades de entrada.

Los desarrolladores experimentados están de acuerdo en que los componentes deben ser baratos y seguros de compilar, por lo que no se recomienda recuperar datos en el constructor.

No debes preocuparte de que un nuevo componente intente ponerse en contacto con un servidor remoto cuando se cree. Los constructores solo deben establecer las variables locales iniciales en valores simples.

Puedes contar con Angular para llamar al método ngOnInit() inmediatamente después de crear el componente. Ahí es donde se encuentra la lógica de inicialización pesada.

• **ngOnDestroy()**

Debe haber lógica aquí antes de que Angular destruya la directiva.

Este es el momento de notificar a otra parte de la aplicación que el componente está a punto de ser destruido.

En este método podremos liberar recursos que no se liberarán automáticamente, cancelar la inscripción a los Observables (que veremos en unos pocos capítulos) y del DOM. Aquí podemos interrumpir los temporizadores de intervalo, anular el registro del callback que esta directiva ha registrado con servicios globales o de aplicación.

Corres el riesgo de la pérdida de memoria si se te olvida hacerlo, es un paso importante, especialmente en aplicaciones grandes.

- **ngOnChanges()**

El método ngOnChanges() se invoca siempre que Angular detecta cambios en las propiedades de entrada del componente (o directiva).Este ejemplo controla el hook OnChanges.

```
ngOnChanges(changes: SimpleChanges) {
    for (let propName in changes) {
```

```
    let chng = changes[propName];
    let cur  = JSON.stringify(chng.currentValue);
    let prev =
JSON.stringify(chng.previousValue);
    console.log(`${propName}: currentValue = ${cur}, previousValue = ${prev}`);
  }
}
```

El método ngOnChanges() acepta un objeto que asocia cada nombre de propiedad modificado a un objeto SimpleChange que mantiene los valores de propiedad actuales y anteriores. Este hook recorre en iteración las propiedades modificadas y las registra.

El componente de ejemplo OnChangesComponent tiene la propiedad de input del alumno definida de la siguiente manera:

@Input() estudiante: Estudiante;

A continuación, puedes utilizar esta propiedad de entrada en el template primario:

&lt;on-changes [estudiante]="estudiante"&gt;&lt;/on-changes&gt;

En el componente secundario cuando tenemos un objeto de usuario como propiedad @Input() enlazada a datos, ngOnChanges() se invoca solo cuando el componente primario cambia la referencia al objeto. La referencia de objeto se puede cambiar asignándole un nuevo objeto.

Esto significa que, si cambiamos el valor de la propiedad object en el componente primario, no se llamará al método ngOnChanges() en el componente secundario, porque no se cambia la referencia.

En su lugar, supongamos que tienes el siguiente tipo primitivo decorado con @Input() en un componente secundario:

@Input() calificación: numero;

Ahora, cada vez que un componente primario cambia el valor a cualquiera de las propiedades que se utilizó en el componente secundario, se ejecuta el método ngOnChanges() en el componente secundario. Funciona con cualquier tipo de datos primitivos como string, number, etc.

# Interacción entre los componentes

Ahora que tenemos varios componentes dentro de nuestra aplicación hay una necesidad de hacer que se comuniquen entre sí, vamos a analizarlos individualmente:

• Pasar datos de principales a secundarios mediante Input.

Componente principal:

```
import { Component } from '@angular/core';

@Component({
  selector: 'app-principal',
  template: `
    <app-secundario [mensajeSecundario]="mensajePrincipal"></app-secundario>
  `,
  styleUrls: ['./principal.component.css']
})
```

```
export class PrincipalComponent{
  mensajePrincipal = "Mensaje de principal"
  constructor() { }
}
```

Componente secundario:

```
import { Component, Input } from '@angular/core';

@Component({
  selector: 'app-secundario',
  template: `
    Mensaje: {{ mensajeSecundario }}
  `,
  styleUrls: ['./secundario.component.css']
})
export class SecundarioComponent {

  @Input() mensajeSecundario: string;
  constructor() { }
}
```

- El uso de ViewChild permite inyectar un componente en otro, dando al principal atributos y funciones del secundario.

Componente principal:

```
import { Component, ViewChild, AfterViewInit } from '@angular/core';
import { SecundarioComponent } from "../secundario/secundario.component";

@Component({
  selector: 'app-principal',
  template: `
    Mensaje: {{ mensaje }}
    <app-secundario></app-secundario>
  `,
  styleUrls: ['./principal.component.css']
})
```

```typescript
export class PrincipalComponent implements AfterViewInit {

  @ViewChild(SecundarioComponent) secundario;

  constructor() { }

  mensaje:string;

  ngAfterViewInit() {
    this.mensaje = this.secundario.mensaje
  }
}
```

Componente secundario:

```typescript
import { Component} from '@angular/core';

@Component({
  selector: 'app-secundario',
  template: ``,
```

```
    styleUrls: ['./secundario.component.css']
})
export class SecundarioComponent {

    mensaje = 'Hola!';
    constructor() { }
}
```

- De secundario a principal a través de Output() y EventEmitter.

Componente principal:

```
import { Component } from '@angular/core';

@Component({
  selector: 'app-principal',
  template: `
    Mensaje: {{mensaje}}
    <app-secundario (mensajeEvent)="recibeMensaje($event)">
    </app-secundario>
  `,
```

```typescript
  styleUrls: ['./principal.component.css']
})
export class PrincipalComponent {
  constructor() { }

  mensaje:string;

  recibeMensaje($event) {
    this.mensaje = $event
  }
}
```

Componente secundario:

```typescript
import { Component, Output, EventEmitter } from '@angular/core';

@Component({
  selector: 'app-secundario',
  template: `
    <button (click)="sendMessage()">Envia mensaje</button>
```

```
  `,
  styleUrls: ['./secundario.component.css']
})
export class SecundarioComponent {

  mensaje: string = "Hola!"

  @Output() mensajeEvent = new EventEmitter<string>();

  constructor() { }

  sendMessage() {
    this.mensajeEvent.emit(this.mensaje)
  }
}
```

• Compartir datos con un servicio.

El componente principal y sus secundarios comparten un servicio. La interfaz de este servicio permite la comunicación dentro de la "familia".

La siguiente es la definición del servicio:

```typescript
import { Injectable } from '@angular/core';

@Injectable()
export class DataService {
  dati: string;
}
```

Clase A:

```typescript
import {Component} from '@angular/core'

import { DataService } from './data.service';

@Component({
 template: `
  <div>
    <h2>Datos de A: {{ datos }} </h2>
    <input [(ngModel)] = datos />
    <br><br>
    <a [routerLink]="['/b']">Ir a B</a>
```

```
    </div>
    `,
})
export class A {

  get datos():string {
    return this.dataService.datos;
  }
  set datos(valore: string) {
    this.dataService.datos = valor;
  }

  constructor(public dataService: DataService) { }
}
```

Clase B:

```
import {Component} from '@angular/core'

import { DataService } from './data.service';
```

```typescript
@Component({
 template: `
  <div>
    <h2>Datos de B: {{ datos }} </h2>
    <input [(ngModel)] = 'datos' />
    <br><br>
    <a [routerLink]="['/a']">Ir a A</a>
  </div>
  `,
})
export class B {
  get datos():string {
    return this.dataService.datos;
  }
  set datos(valore: string) {
    this.dataService.datos = valor;
  }

  constructor(public dataService: DataService) { }
```

}

En este ejemplo, como habrás notado, hemos introducido algunos elementos nuevos: los datos se han definido mediante un captador/establecedor para que el valor actual se recupere del servicio; la presencia de routerLink que se explicará en el siguiente capítulo.

# Routing y navegación

El router permite la navegación de una vista a otra a medida que el usuario realiza tareas.

Cada interfaz web, de hecho, necesita botones, menús, pestañas y más para permitir la navegación y una mejor experiencia de usuario.

Una aplicación Angular es un árbol de componentes, algunos de los cuales serán estáticos durante la duración de la aplicación, otros queremos mostrarlos dinámicamente y para ello utilizaremos un router.

Piensa en un software de gestión de personal, por ejemplo, lo imaginamos con un menú, un<div>para cada persona encuestada con un botón que te permite abrir el detalle.

El Router Angular nos permite hacer todo esto, pero también mucho más, guardando todo en el historial del navegador para asegurar el funcionamiento de las teclas Forward y Back de los navegadores soportados.

## Bases

Usando el módulo Router y las directivas router-outlet, puedes definir partes de nuestra aplicación que mostrarán diferentes grupos de componentes basados en la URL actual.

Dependiendo de la URL, se mostrará un componente diferente utilizando una directiva de enrutador-salida y se definirán los estados del enrutador.

En el software de gestión de personal, que usamos antes, la página de inicio sería un estado de enrutador y, los componentes para mostrar los detalles de una persona, serían otro estado del router.

La mayoría de las aplicaciones de enrutamiento deben agregar una etiqueta <base> enindex.html como el primer elemento secundario de la etiqueta <head> para especificar al enrutador cómo redactar direcciones URL de navegación.

Si la carpeta de la aplicación es la raíz de la aplicación, al igual que con la aplicación de ejemplo, establece el valor href exactamente como se indica a continuación:

```html
<base href="/">
```

El router Angular es un servicio opcional que muestra un determinado componente para una dirección URL determinada. No es parte del núcleo Angular, pero está en @angular/router.

Así que vamos a poner estas importaciones en nuestro app.module.ts:

```typescript
import { RouterModule, Routes } from '@angular/router';
```

## Configurar un router

El objetivo principal del router es habilitar la navegación entre componentes enrutables dentro de una aplicación Angular, que requiere que el router represente un conjunto de componentes y, a continuación, refleje el estado de representación en la dirección URL.

Para hacer esto, el router necesita alguna manera de asociar los URL con el conjunto apropiado de componentes para cargar. Esto se logra al permitir que el desarrollador defina un objeto de configuración de estado del enrutador, que describe qué componentes se mostrarán para una dirección URL determinada.

Los estados del enrutador se definen dentro de una aplicación, importando routerModule y pasando una matriz de objetos Route en su método forRoot.

Por ejemplo, un conjunto de rutas de acceso para una aplicación simple podría tener este aspecto:

```
import { RouterModule, Route } from '@angular/router';
```

```
const ROUTES: Route[] = [
  { path: 'home', component: HomeComponent },
  { path: 'anagrafique',
    children: [
      { path: '', component: AnagrafiqueComponent },
      { path: ':id', component: AnagraficaComponent }
    ]
  },
];

@NgModule({
  imports: [
    RouterModule.forRoot(ROUTES)
  ]
})
```

Esto creará un árbol de estado con 5 nodos como se representa:

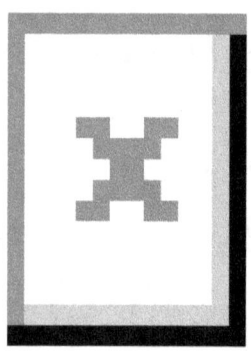

En cualquier momento, algunos estados del router se pueden mostrar en la pantalla del usuario por el URL, que define una ruta activa. La ruta activa es sólo un subárbol del árbol de todos los estados del router.

Ya que el servicio del router cambia el URL del navegador, que es un recurso global compartido, puede haber solamente un servicio de router activo. Esta es la razón por la que solo debes usar forRoot una vez en la aplicación, es decir, en el módulo raíz de la aplicación. Los módulos de funciones deben utilizar forChild.

Cuando se habilita la ruta de acceso de ruta, los componentes a los que se hace referencia dentro de las propiedades de estado del enrutador se representan mediante enrutadores-salidas, es decir, elementos dinámicos que muestran un componente activado. Las salidas de enrutador también se pueden anidar entre sí, formando relaciones padre-hijo.

Siempre que la navegación ocurre dentro de la aplicación, el router utiliza el URL que está navegando e intenta hacer juego con una trayectoria en la estructura del estado del router.

Por ejemplo, la dirección URL localhost:4200/data/2 debe enrutar y cargar ComponentData.

En este punto, el componente podrá acceder al parámetro 2 y visualizar los datos maestros correspondientes. Un valor de ruta de acceso que comienza con dos puntos, como: id, se conoce como parámetro obligatorio.

Es importante saber que la estrategia utilizada es first-match-wins y que una ruta indefinida generará un error. Esto significa que se seleccionará la primera dirección URL que coincida con lo que se introduce en la matriz, si existe.

Vamos a considerar una URL de tipo localhost:4200/test-url que no está definida en nuestra matriz, de acuerdo con lo que dijimos anteriormente obtendremos un error, ¿cómo podemos manejar esto?

El camino en la última ruta es un carácter comodín y viene en nuestra ayuda. El router seleccionará esta trayectoria si el URL solicitado no hace juego con ninguna trayectoria para las rutas definidas anteriormente en la configuración. Esto es útil para ver una página de tipo "404 - No encontrado" o redirigirla a otra ruta.

Una ruta de acceso vacía, por otro lado, representa la ubicación predeterminada de la aplicación, el componente que se activará cuando la ruta de acceso en la dirección URL está vacía, como suele ser al principio. Esta ruta predeterminada te redirige a la ruta de acceso a/home y, por lo tanto, mostrará el archivo HomeComponent.

La propiedad pathMatch puede tomar dos valores: full o prefix,y determina cómo el router comparará segmentos URL en la ruta de acceso.

El valor del prefijo comprueba que la ruta de acceso es un prefijo del resto de la dirección URL y es el valor predefinido.

Por el contrario, el valor completo comprueba que la ruta coincide exactamente con el resto de la URL, de hecho, se utiliza principalmente para realizar redirecciones.

Aquí está un ejemplo con estos casos:

```
import { RouterModule, Route } from '@angular/router';

const ROUTES: Route[] = [
  { path: 'home', component: HomeComponent },
  { path: 'anagrafica',
    children: [
```

```
    { path: '', component: AnagrafiqueComponent
},
    { path: ':id', component: AnagraficaComponent }
  ]
 },
 { path: '', redirectTo: '/home', pathMatch: 'full' },
 { path: '**', component: PaginaVaciaComponent }
];

@NgModule({
 imports: [
   RouterModule.forRoot(ROUTES)
 ]
})
```

Hemos visto cómo navegar por nuestra aplicación y ahora que tenemos un prototipo bastante funcional e interactivo gracias a los componentes y servicios, veremos cómo interactuamos con nuestro servidor para recuperar o guardar nuestros datos y gestionar los llamados Errores.

En el siguiente capítulo, cubriremos los Observables que son esenciales para controlar los datos de las llamadas asincrónicas.

# Observables

Los observables admiten el paso de mensajes entre editores y suscriptores dentro de la aplicación. Las ventajas sobre otras técnicas (tipo las promise) para controlar eventos, varios valores y programación asincrónica son significativas, por lo que se recomienda usar observables en Angular.

Para empezar, debes definir una función para publicar valores, pero esta función no se ejecutará hasta que un consumidor se inscriba en el observable. El consumidor que se haya "suscripto" recibirá notificaciones hasta que se complete o cancele la función.

Los observables tienen dos características básicas: son perezosos y pueden tener múltiples valores a lo largo del tiempo.

Un ejemplo que describe bien estos elementos es el boletín, todos lo sabemos y sabemos cómo funciona: para cada suscriptor se crea un nuevo boletín de noticias para que aquellos que no están suscritos no los reciban.

El remitente decide cuándo enviar el contenido, todo lo que el suscriptor tiene que hacer es esperar a que llegue a la bandeja de entrada. Al igual que los boletines informativos observables, si cancelan la suscripción, puede darse de baja.

Estos son los observables y si conoces los promise habrás notado las diferencias:

1. Los promise siempre devuelven un solo valor
2. Los promise no se pueden deshacer

A continuación, identificamos dos figuras para comprender los observables: quién produce los datos y quién los consume, pero hay varias maneras en que pueden interactuar.

La primera forma es a través del método de extracción, es decir, el consumidor de datos decide cuándo obtener los datos del fabricante. El fabricante no sabe cuándo se entregarán los datos al consumidor. Cada función JavaScript utiliza el método pull, de hecho, es como un productor de datos y, el código que llama a la función la consume tomando una entrada de valor único de la invocación.

La segunda forma es el método push que es lo opuesto al pull. El fabricante de los datos decide cuándo lo recibirá el consumidor (consulte el boletín de noticias anterior). Los promise de hoy en día son la forma más común de insertar datos a través de JavaScript. Un promise (el fabricante) proporciona un valor a los callback registrados (consumidores), pero a diferencia de las funciones, es el promise que se carga para determinar con precisión cuándo se envía ese valor a los callback.

Los observables son una nueva forma de insertar datos en JavaScript. Un observable es un fabricante de múltiples valores, que los "empuja" hacia los suscriptores. A continuación, se muestra un HttpClient simple con un método que devuelve un observable:

```
import { Observable } from "rxjs/Rx"
import { Injectable } from "@angular/core"
import { Http, Response } from "@angular/http"

@Injectable()
export class HttpClient {
```

```
constructor(public http: Http) {}

public recuperaUtentes() {
    return this.http.get("/api/usuarios").map((res:
Response) => res.json())
    }
}
```

Probablemente nos gustaría mostrar a los usuarios en algún tipo de lista, así que vamos a hacer algo con este método. Dado que este método devuelve un observable, debemos suscribirnos a él. En Angular podemos suscribirnos a un observable de dos maneras:

1. nos suscribimos a un observable en nuestro modelo usando la pipe asincrónica. La ventaja de esto es que Angular se encarga de la suscripción durante el ciclo de vida de un componente. Angular se inscribirá y eliminará automáticamente. No olvides importar CommonModule en el módulo, ya que la canalización asincrónica se expondrá por él.

Aquí está nuestro código TypeScript:

```typescript
import { Component } from "@angular/core"
import { Observable } from "rxjs/Rx"

import { HttpClient } from "../services/client"

import { IUsurios } from "../services/interfaces"

@Component({
    selector: "lista-usuarios",
    templateUrl: "./template.html",
})
export class ListaUsuarios {

    public usuarios$: Observable<IUsuario[]>

    constructor(
```

```
    public client: HttpClient,
) {}


// recuperar usuarios en el init del componente
public ngOnInit() {
    this.usuarios$ = this.client.recuperaUsuarios()
  }
}
```

Aquí está el uso de la variable de usuario en el template:

```html
<ul class="list" *ngIf="(usuarios$ | async).length">
   <li class="usuario" *ngFor="let usuario of usuarios$ | async">
     {{ usuario.nombre }} - {{ usuario.fecha_nacimiento }}
```

```
    </li>
  </ul>
```

El uso del signo de dólar ($) en el nombre de una variable que es observable se considera una práctica recomendada. Esto facilita la identificación de si la variable es observable o no.

2. nos suscribimos a observable utilizando el método subscribe() actual. Esto puede ser útil si deseas hacer algo con los datos antes de verlos. La desventaja es que tienes que administrar tu suscripción por ti mismo.

Como puedes notar, la lógica del template es muy similar, mientras que la del componente puede llegar a ser muy compleja en este caso. Te recomiendo que lo uses solo si es necesario, si necesitas mantener las suscripciones abiertas mientras no las estés usando es ineficiente.

Código de componente:

```
import { Component } from "@angular/core"
import { HttpClient } from "../services/client"
```

```typescript
import { IUser } from "../services/interfaces"

@Component({
    selector: "lista-usuarios",
    templateUrl: "./template.html",
})
export class ListaUsuarios {

    public uusuarios: IUsuario[]

    constructor( public client: HttpClient ) {}

    public ngOnInit() {

this.client.recuperaUsuarios().subscribe((usuarios: IUsuario[]) => {

        // Procesamiento en la variable de usuario
        // ....
```

```
        // Comprueba los datos de la
propiedad class
        // para que sea visible para la
plantilla
        this.usuarios = usuarios
      })
    }
}
```

Código del template:

```
<ul class="list" *ngIf="usuarios.length">
  <li class="usuario" *ngFor="let usuario of utsuarios">
    {{ usuario.nombre }} - {{ usuario.fecha_nacimiento }}
  </li>
</ul>
```

Ahora vamos a tratar de crear nuestro propio observable, es bastante simple. Los observables se crean utilizando el nuevo constructor Observable(), suscrito por un observador, ejecutado invocando el método next(), y finalmente destruido por el método unsubscribe().

```js
import { Observable } from "rxjs/Observable"

// creo el observable
const miObservable = new Observable((observer) => {

    // ejecuto observable
    observer.next("bla bla bla")
    observer.complete()
})

// subscribo el observable
miObservable.subscribe()

// elimino la suscripción
miObservable.unsubscribe()
```

Los observables son perezosos por lo que hasta que se suscriban, se activará el mecanismo que veremos. Es bueno saber que cuando se suscribe a un "observador", cada llamada a subscribe() desencadenará su propia ejecución independiente para ese observador en particular. Las llamadas de suscripción no se comparten entre varios suscriptores al mismo observable.

El código dentro de un observable representa la ejecución de observables. En el parámetro que se dio durante la creación hay tres funciones disponibles para enviar datos a los suscriptores:

• next: envía cualquier valor como Numbers,Array u objetos a sus suscriptores.

• error: envía un error o excepción de JavaScript

• complete: no envía ningún valor.

Las llamadas del next son las más comunes, ya que en realidad entregan datos a sus suscriptores.

Durante la ejecución de observable puede haber llamadas infinitas al método observer.next(), pero, cuando se invoca observer.error() u observer.complete(),la ejecución se interrumpe y no se entregarán otros datos a los suscriptores.

Dado que la ejecución puede continuar durante un período de tiempo infinito, se requiere una forma de evitar la ejecución.

Dado que cada ejecución se realiza para cada suscriptor, es importante no mantener suscripciones abiertas para los suscriptores que ya no necesitan datos, ya que esto significaría un desperdicio de memoria y potencia informática.

Cuando se registra para un observable, obtiene una "suscripción", que representa la ejecución en curso.

Simplemente llama a unsubscribe() para cancelar la ejecución.

Para explicar cómo funciona tu suscripción, vamos a crear un nuevo observable. Podemos usar el constructor para crear nuevas instancias, pero en este caso aprovechamos la oportunidad para profundizar en los métodos de la biblioteca RxJS que crean observables simples:

- of(... items): devuelve una instancia del objeto Observable que devuelve argumentos sincronizadamente.
- from(iterable): convierte su argumento en una instancia de Observable y normalmente se utiliza para convertir un array en observable.

```
// Creo un observable que envía 3 valores
const miObservable = of(1, 2, 3);

// Creo un observer
const miObserver = {
  next: x => console.log('Observer tiene el valor: ' + x),
  error: err => console.error('Observer tiene un errore: ' + err),
  complete: () => console.log('Observer tiene una ejecución completada),
};

// Me inscribo
```

miObservable.subscribe(moObserver);

// Logs:
// Observer tiene valor: 1
// Observer tiene valor: 2
// Observer tiene valor: 3
// Observer tiene una ejecución completa

Ten en cuenta que la función next() puede recibir, por ejemplo, mensajes de cadena u objeto, valores numéricos o estructuras, dependiendo del contexto. En términos generales, nos referimos a los datos publicados por un observable como una secuencia. Cualquier tipo de valor se puede representar con un observable y los valores se publican como una secuencia.

Dado que los observables generan valores de forma asincrónica, un bloque try/catch no desencadena errores de forma eficaz. Por este motivo, debes controlar los errores especificando un callback de error en el archivo. Al generar un error, el observable limpia todas las suscripciones y deja de producir valores.

## Ejemplo práctico de Observer

Ahora echemos un vistazo a un caso de uso típico de observable y: el algoritmo de retroceso exponencial.

Se trata de una técnica en la que se vuelve a intentar una API después de obtener un error, lo que alarga el tiempo entre reintentos después de cada error consecutivo. Se establece un número máximo de reintentos y, cuando se alcanza la solicitud, se considera erróneo. Implementar este mecanismo con los promise y otros métodos de seguimiento de llamadas de tipo AJAX puede ser bastante difícil.

Con observables, es muy fácil y también puedes usar este ejemplo en tu aplicación:

```
import { pipe, range, timer, zip } from 'rxjs';
import { ajax } from 'rxjs/ajax';
import { retryWhen, map, mergeMap } from 'rxjs/operators';

function backoff(maxTries, ms) {
 return pipe(
   retryWhen(attempts => zip(range(1, maxTries), attempts)
     .pipe(
       map(([i]) => i * i),
       mergeMap(i => timer(i * ms))
     )
   )
 );
```

```
}

ajax('/api/endpoint')
  .pipe(backoff(3, 250))
  .subscribe(data => handleData(data));

function handleData(data) {
  // ...
}
```

## Diferencias con las promise

Los observables a menudo se comparan con las promise. Estas son algunas diferencias clave:

- Los observables son declarativos; la ejecución no se inicia hasta la suscripción. Las promise se hacen inmediatamente cuando se crean. Por lo tanto, los observables se vuelven útiles para definir fórmulas que se ejecutarán siempre que se requiera el resultado.

*observables*:

```
// declaración
new Observable((observer) => {
subscriber_fn });
// inicio de la ejecución
observable.subscribe(() => {
    // observer notifica el resultado
});
```

*promise*:

```
// inicia la ejecución
new Promise((resolve, reject) => {
executer_fn });
// gestiona el resultado
promise.then((value) => {
    // gestiona el resultado aquí
});
```

- Los observables proporcionan más valores, mientras que las promesas solo proporcionan uno. Esto hace que los observables sean útiles para obtener más valores a lo largo del tiempo.

• Los observables distinguen entre suscripción y encadenamiento. Las promise solo tienen la cláusula .then(). Crear fórmulas de transformación complejas que puedan ser utilizadas por otra parte del sistema sin el trabajo que se está realizando es la verdadera fuerza de los observables.

*observables*:

observable.map((v) => 2*v);

*promise:*

promise.then((v) => 2*v);

• El gestor de control de errores es la función subscribe(). Las promise mandan sus errores a sus hijas. Esto hace que los observables sean útiles para la administración centralizada y predecible de errores.

*observables*:

obs.subscribe(() => { throw Error('errore');
});

*promise:*

```
promise.then(() => { throw Error('errore'); });
```

## Comunicar a través de HTTP

En la era moderna, el protocolo HTTP es ampliamente utilizado por las aplicaciones que tienen un frontend que se comunica con los servicios back-end. Utilizamos el servicio Http proporcionado por Angular para permitir que nuestro front-end intercambie datos a través de las API proporcionadas por un servidor remoto. El servicio Http nos permite enviar solicitudes HTTP al servidor que, una vez procesados, nos enviará una respuesta. Cada respuesta será analizada por Angular para que sea utilizable por nuestra aplicación.

Cuando realizamos llamadas a un servidor externo, queremos que nuestro usuario continúe interactuando con la página. No queremos que nuestra página se bloquee hasta que la solicitud HTTP vuelva del servidor remoto.

Para lograr este efecto, nuestras solicitudes HTTP son asincrónicas, históricamente son más complicadas de tratar que las sincrónicas.

En JavaScript, generalmente hay tres enfoques para tratar con código asincrónico:

1. Callbacks
2. Promises
3. Observables

En Angular, el método preferido para controlar el código asincrónico es mediante el uso de Observables, por lo que usaremos esta técnica para nuestro ejemplo.

Estamos implementando nuestro sistema mediante la integración de métodos CRUD simples para el software de gestión de personal, tomando el ejemplo anterior.

Lo primero que hay que hacer para usar un HttpClient es definirlo en el archivo app.module.ts de la siguiente manera:

**import { HttpClientModule } from** '@angular/common/http';

.....

imports: [

  BrowserModule,

  HttpClientModule

]

A continuación, podemos comenzar con la creación de nuestro servicio y métodos CRUD:

```typescript
import { Injectable } from '@angular/core';
import { HttpClient } from '@angular/common/http';
import { Anagrafica } from "../model/anagrafica.model";

@Injectable()
export class AnagrafiqueService {
  constructor(private http: HttpClient) { }
  baseUrl: string = 'http://localhost:8080/anagrafique';

  getAnagrafique() {
    return this.http.get<Anagrafica[]>(this.baseUrl);
  }

  getAnagraficaById(id: number) {
    return this.http.get<Anagrafica>(this.baseUrl + '/' + id);
```

```
  }

  createAnagrafica(anagrafica: Anagrafica) {
    return this.http.post(this.baseUrl, anagrafica);
  }

  updateAnagrafica(anagrafica: Anagrafica) {
    return this.http.put(this.baseUrl + '/' +
  anagrafica.id, anagrafica);
  }

  deleteAnagrafica(id: number) {
    return this.http.delete(this.baseUrl + '/' + id);
  }
}
```

Nuestro componente utilizará el servicio y manejará sus respuestas de la siguiente manera:

```
recuperaAnagrafique(): void {
    this.loading = true;
```

```
this.anagrafiqueeService.getAnagrafique().subscribe(
    this.data    = data;
    this.loading = false;
  );
}
```

En el ejemplo hemos utilizado los métodos más comunes de http por lo que ahora que nuestra aplicación está funcionando e integrado con el back-end, sólo tenemos que hacer la implementación, lo veremos en el siguiente y último capítulo.

# El deploy en producción

Por fin ha llegado el momento en que, después de tanto trabajo (y después de tantas pruebas), finalmente puedes llevar tu aplicación Angular a producción en un servidor remoto.

A lo largo de la fase de desarrollo usamos el comando ng serve para compilar, ver y ejecutar la aplicación desde la memoria local, utilizando webpack-dev-server.

Cuando estés listo para entrar en producción, para compilar la aplicación e implementarla, debes usar el comando:

**ng build**

Tanto ng must como ng crean la carpeta de salida antes de compilar el proyecto, esa carpeta, de forma predeterminada, se encuentra en /dist/project-name. Todavía puedes cambiar esta ruta cambiando el archivo propiedad angular.json y en particular la propiedad outputPath.

A medida que se acerca al final del proceso de desarrollo, publicar el contenido de la carpeta de salida desde un servidor web local puede darte una mejor idea de cómo se comportará la aplicación cuando se implemente en un servidor remoto. Necesitarás dos terminales para obtener la experiencia live-reload.

En el primer terminal tendrás que utilizar el modo de reloj para compilar la aplicación en la carpeta dist y tener un comportamiento similar a ng sirve:

**ng build --watch**

En el segundo terminal, sin embargo, tendrás que instalar un servidor web (tipo de servidor lite) e iniciarlo apuntando a la carpeta dist:

**lite-server --baseDir="dist"**

Si deseas implementar directamente en el servidor remoto, debes crear una compilación de producción y copiar el contenido del directorio de salida en el servidor web.

Utiliza el siguiente comando para crear el build de producción:

**ng build –prod**

Copie todos los archivos creados en el dist/folder, ahora sólo tenemos que configurar el servidor para redirigir las solicitudes de archivo que faltan a la página index.html.
¿Qué significa eso? Te lo explicaré inmediatamente.
Una aplicación Angular es perfecta para servir HTML estático simple, no necesita un servidor back-end para componer páginas de aplicación porque lo hace el lado del cliente Angular.
Un servidor estático siempre devuelve index.html cuando recibe una solicitud como http://www.miosite.com/, perorechazahttp://www.miosito.com/anagrafiche/42 y devuelve un tipo 404 - No encontrado, a menos que esté configurado para devolver index.html.
El problema no se produce cuando el usuario navega a esa dirección URL desde un cliente en ejecución. El router Angular interpretará la URL y enrutará la solicitud a esa página y a los datos maestros solicitados.
Hay casos en los que el problema puede surgir, por ejemplo, actualizando el navegador mientras se

encuentra en la página maestra, introduciendo la dirección en la barra de direcciones del navegador o haciendo clic en un vínculo en un correo electrónico. Las acciones descritas son manejadas por el explorador, fuera de la aplicación en ejecución. La petición directa al servidor para la URL solicitada se realiza directamente desde el navegador, sin conmutar del router.

Cada servidor tiene una configuración diferente, pero normalmente, debes agregar una regla de reescritura.

Para Apache vamos a editar el archivo .htaccess, para Nginx tienes que usar try_files, para el servidor IIS, así como para Firebase tienes que añadir una regla de reescritura.

Veamos, ahora, lo que hace exactamente ese parámetro --prod para que podamos averiguar cómo se estructuran los archivos generados. Este es un detalle de las acciones que se realizan:

• Template de precompilación (conocidas como AOT)

• El modo de producción está habilitado, lo que te permite definir diferentes variables entre producción y desarrollo

- Bundling: Concatena todos los archivos de aplicación y biblioteca incluidos
- Eliminar el código no utilizado y los módulos sin referencia
- Uglification: Reescribe todo el código para usar nombres crípticos y cortos
- Minificación: elimina comentarios opcionales, espacios en blanco y tokens

En aplicaciones muy grandes con problemas de rendimiento, puede ser útil cargar solo los módulos necesarios para iniciar la aplicación, cargándolos en modo diferido que está a petición o posponiendo la carga de otros módulos y su código.

# Conclusiones

Ahora que has completado la implementación de la aplicación web y has aprendido los conceptos básicos de Angular, puedes seguir desarrollando con este framework. Te recomiendo que siempre actualices la versión Angular y, como estamos hablando de un marco en constante cambio, te recomiendo las guías oficiales para realizar futuras actualizaciones en el siguiente enlace: https://update.angular.io/.

Te damos las gracias por leer y esperamos que continúes desarrollándote movido por la pasión por este trabajo y el encanto de los nuevos marcos y recuerda: 'Permanezcan hambrientos, permanezcan insensatos'.